flipper

# Victor OSIMHEN

Kerem Tek

flipper

**Victor Osimhen**
Kerem Tek

**Yayın Yönetmeni** Songül Aygün Soykuvvet
**Kapak Görseli** Mustafa Şeref Nacar

1. Baskı Eylül 2024, İstanbul
ISBN 978-625-6592-21-6
Sertifika No 47566

**Baskı-Cilt** Egem Basım Yayın San. ve Tic. Ltd. Şti.
Maltepe Mahallesi, Gümüşsuyu Caddesi
Odin İş Merkezi Kat: 2 No.: 436
Zeytinburnu, İstanbul
Sertifika No 43624

**Flipper Yayıncılık**
Bahçeyaka Mahallesi, 827 Sokak No.: 7/1
Döşemealtı, Antalya
www.flipper.com.tr

# İÇİNDEKİLER

# GİRİŞ

Futbol dünyasının en büyük hikayeleri, en zor şartlardan çıkıp zirveye ulaşanların hikayeleridir. Bu, kalbinin derinliklerinde sadece başarıya değil, insanlığın en temel güdüsü olan bir hayatta kalma savaşına odaklanan bir öyküdür. Afrika'nın kalbinde, Nijerya'nın yoksulluk içinde büyüyen bir çocuğu vardı. Yalın ayaklarla toprak sahalarda koşan, hayalleri kadar büyük engellerle savaşan, acı dolu bir hikayenin baş kahramanı: Victor Osimhen.

Victor, doğduğu günden itibaren zorluklarla karşı karşıya kaldı. Hayatı, onu pes etmeye zorlayan binbir çetin sınavla doluydu. Ama o, bir an bile geri adım atmadı. Ailesi, hayatta kalma mücadelesi verirken, o futbolun büyülü dünyasında kendine yer bulmaya çalışıyordu. Aç kaldığı, yorgun düştüğü, umutlarını kaybetmek üzere olduğu sayısız gece oldu. Ama bir şey onu hep ileriye itti: futbol. Sahada, tüm acılarından uzaklaşabildiği, yalnızca topun ve kendisinin var olduğu bir dünya vardı. İşte o dünyada Victor Osimhen, imkansızı başarma yolculuğuna çıktı.

Bu kitabın sayfalarında, onun çocukluğundaki yoksulluktan Avrupa'nın en büyük kulüplerinden birine uzanan o destansı yolculuğunu bulacaksınız. Şimdiyse, o yolculuk Galatasaray'la yeni bir sayfa açıyor. Bu, sadece futbol değil, hayata dair bir hikaye. İnsan iradesinin nelere muktedir olduğunu, inancın ve azmin nasıl bir güce dönüştüğünü göreceksiniz. Bu hikaye, zorluklar karşısında yılmayan, zaferi hiçbir şeyin bedelsiz vermediği gerçeğini kavrayan bir çocuğun, bir adamın ve en nihayetinde bir efsanenin hikayesidir.

Victor'un kariyerinde sayısız başarı, sayısız rekor var. Ancak her bir kupa, her bir gol arkasında bir mücadeleyi saklıyor. O mücadeleyi anlamak için Victor'un çocukluğuna inmek, onunla birlikte sokaklarda, toprak sahalarda koşmak gerekiyor. İşte bu kitap, Victor Osimhen'in sadece futbolculuk değil, insanlık hikayesini de gözler önüne serecek. Onun Galatasaray formasıyla attığı her gol, aslında yaşamın en büyük zaferlerinin simgesi olacak.

# BÖLÜM 1

# ÇOCUKLUK VE İLK YILLAR

Victor Osimhen'in hikayesi, 29 Aralık 1998'de Nijerya'nın Lagos şehrinde başlıyor. Lagos, bir yanda ışıl ışıl parlayan modern yapılarıyla göz kamaştırırken, diğer yanda yoksullukla boğuşan binlerce ailenin yaşadığı bir şehirdi. Victor'un ailesi, işte o yoksulluk içinde mücadele verenlerden biriydi. Kalabalık bir ailenin en küçük çocuğu olarak dünyaya gelen Victor, daha bebekken hayatın sert yüzüyle tanıştı. Babası, küçük bir işçi; annesi ise ailesini ayakta tutmak için didinen bir ev hanımıydı. Ama bir gün, Victor henüz küçük bir çocukken annesini kaybetti. Bu, onun için belki de en büyük kayıp oldu. Annesiz kalmak, onu hayata karşı daha da güçlendirdi. Çünkü o andan itibaren, her şey daha zor olacaktı.

Futbol, Victor için bir kaçıştı. Sokaklarda oynadığı maçlar, onun için dünyadaki tüm dertleri unutmanın bir yoluydu. Arkadaşlarıyla yalın ayak oynadığı her maçta, topa vurduğu her an, gelecekte olacağı büyük futbolcunun temellerini atıyordu. O dönemde hayalini kurduğu şey basitti: Bir gün profesyonel futbolcu olup ailesine daha iyi bir yaşam sunmak.

Victor'un yetenekleri, daha çocukken çevresinin dikkatini çekmeye başladı. Sokakta oynadığı futbol, onu kısa sürede yerel takımlara taşıdı. Birçok insan onun için "olağanüstü bir yetenek" diyordu. Ama bu yetenek, Nijerya'nın sert yaşam koşulları içinde parlamaya devam etmek zorundaydı. Victor, futbol dışında bir seçeneği olmadığını biliyordu. O günlerde, belki de en büyük düşmanı açlıktı. Günlerce doğru düzgün yemek yiyemeden antrenmanlara çıktığı zamanlar oldu. Ama her şeye rağmen pes etmiyordu. Bir şekilde, her şeyin daha iyi olacağına dair bir inancı vardı.

Bu yıllar, Victor'un sadece fiziksel olarak değil, zihinsel olarak da geliştiği yıllardı. Lagos'un sert sokaklarında futbol oynamak, ona hayatta kalma mücadelesini öğretti. Futbol sahasında rakiplerini geçmek kadar, hayatta da zorlukları aşması gerektiğini anladı. Çocukluğu boyunca, bu savaşın içinde pişti. Victor, futbolu sadece bir oyun olarak görmedi; o, futbolu bir yaşam biçimi, bir kurtuluş olarak gördü.

Bir süre sonra, Lagos'un sokaklarında tanınan bir isim haline geldi. Herkes onun yeteneğinden bahsediyordu. Ama bu yeterli değildi. Eğer Victor gerçekten büyük bir futbolcu olacaktıysa, bunun için daha fazlasını yapması gerektiğini biliyordu. Nijerya'nın yerel takımlarından birinde forma giymeye başlaması, onun için büyük bir adımdı. Ama asıl büyük adımı, 2015 yılında FIFA U-17 Dünya Kupası'na katılmasıyla atmış oldu.

Nijerya U-17 Milli Takımı'nın kadrosunda yer alan Victor, turnuva boyunca gösterdiği performansla dünya futbol kamuoyunun dikkatini çekti. Attığı 10 golle turnuvanın gol kralı oldu ve adını büyük kulüplerin transfer listelerine yazdırdı. O artık sadece Nijerya'nın değil, dünya futbolunun da gözbebeği olmuştu. Ancak bu başarı, Victor'un yolculuğunda sadece bir durak noktasıydı. Onun gözü, çok daha büyük zaferlerdeydi.

# BÖLÜM 2

# ZAFERİN KAPILARINI ARALAMAK – NİJERYA U-17 DÜNYA KUPASI BAŞARISI

Victor Osimhen için her şeyin başladığı, hayatının kökten değiştiği dönüm noktası: 2015 FIFA U-17 Dünya Kupası. Bu turnuva, onun dünya futbol sahnesine adım attığı ve adını altın harflerle yazdırdığı an oldu. Ama bu başarıya giden yol hiç de kolay değildi. Nijerya'da büyümek, hele ki yoksul bir mahallede çocuk olmak başlı başına bir savaştı. O günlerde sahada attığı her gol, sadece bir sayı değildi. Her gol, Victor'un kalbindeki inancın, ruhundaki gücün bir ifadesiydi.

2015 yılı geldiğinde, Victor artık Nijerya'da tanınan bir genç yetenek haline gelmişti. Ama onun hayalleri, sokaklarda oynanan maçlardan çok daha büyüktü. FIFA U-17 Dünya Kupası, onun bu hayallerini gerçeğe dönüştürecek bir fırsat sundu. O turnuva, belki de hayatında bir kez ele geçecek bir şanstı ve Victor, bu fırsatı sonuna kadar değerlendirmeye kararlıydı.

Dünya Kupası, Nijerya için büyük bir heyecandı. Herkes genç milli takımın performansını merakla bekliyordu. Ama kimse, o turnuvanın bir yıldız yaratacağını tahmin etmiyordu. Victor, sahaya çıktığı ilk maçtan itibaren farkını hissettirdi. Her topa dokunduğunda, sahanın her köşesine adım attığında izleyenlere "Bu çocuk farklı" dedirtiyordu. O, yalnızca futbol oynamıyordu; sahada bir sanatı icra ediyordu. Nijerya'nın yeşil-beyaz forması altında attığı her gol, sadece takımına değil, bir ulusa umut veriyordu.

Turnuvanın ilk maçından itibaren Victor Osimhen adını sıkça duyurmaya başladı. Attığı gollerle turnuvaya damga vuran genç futbolcu, takımını sırtlamaya başlamıştı. Her maçta sahaya çıktığında, karşısındaki savunmacılar onu durdurmakta zorlanıyordu. Farklı, çevik ve bitirici vuruşlarıyla bir gol makinesi haline gelen Victor, turnuvanın gol kralı olmaya doğru hızla ilerliyordu. Onun için bu turnuva, yeteneklerini tüm dünyaya sergileyebileceği bir sahneydi ve o, bu fırsatı en iyi şekilde değerlendiriyordu.

Victor'un attığı goller yalnızca bir futbolcunun yeteneğini sergilemiyordu. Her gol, onun içindeki mücadelenin, hayata karşı verdiği savaşın bir sembolüydü. Her vuruş, Lagos'un toprak sahalarında yalın ayak koşarken hayalini kurduğu o büyük başarıya bir adım daha yaklaştığının göstergesiydi. Onun için bu goller, sadece skor tabelasına yazılan rakamlar değildi. Bu goller, Nijerya'daki ailesine, mahalledeki arkadaşlarına ve tüm dünyaya "Ben buradayım, beni izleyin!" demenin bir yoluydu.

Turnuva ilerledikçe Victor, her maçta biraz daha parlıyordu. Çeyrek finalde attığı goller, takımını yarı finale taşıdı. Yarı finalde ise onun büyüleyici performansı, Nijerya'yı finale götürdü. Artık herkesin konuştuğu isim Victor Osimhen'di. Gazeteler, televizyon programları, spor yorumcuları... Hepsi bu genç Nijeryalı futbolcunun gelecekte neler yapabileceğini konuşuyordu. Onun yolu, artık dünya futbolunun en büyük sahnelerine doğru açılmıştı.

Final maçı geldiğinde, Victor'un omuzlarındaki yük daha da artmıştı. Bir ulusun beklentisi, onun attığı gollere bağlıydı. Ama Victor, baskıya karşı her zaman güçlü kalmayı başarmıştı. Sahaya adım attığında, onun gözlerinde yalnızca zaferin ışığı parlıyordu. Attığı golle Nijerya'ya kupayı getirdi ve turnuvanın en değerli oyuncusu seçildi. 10 golle turnuvanın gol kralı olan Victor, dünya futboluna adım atmış ve kendini kanıtlamıştı.

Bu başarı, onun için yeni bir başlangıçtı. Dünya, artık Victor Osimhen'i tanıyordu. Avrupa'nın büyük kulüpleri onun peşindeydi. Nijerya'dan çıkıp dünya futbolunun zirvesine uzanacak bir kariyerin tohumları işte o turnuvada atıldı. Ama Victor için bu sadece bir başlangıçtı. Onun hedefleri, hayalleri çok daha büyüktü.

U-17 Dünya Kupası, Victor'un kariyerinde bir dönüm noktası oldu. Attığı goller, kazandığı ödüller, kazandığı kupa... Hepsi onun futbolculuk kariyerinin parlak bir geleceğe doğru yol aldığını gösteriyordu. Ama onun için bu başarılar, sadece birer kilometre taşıydı. Victor, başarıya doymayan, her zaman daha fazlasını isteyen bir futbolcuydu. Önünde uzanan yol, zorluklarla dolu olsa da o, her zaman daha ileriye gitmek için gereken güce sahipti.

Bu turnuvadan sonra, Victor'un ismi artık sadece Nijerya'da değil, tüm dünyada bilinir hale geldi.

O, Lagos'un dar sokaklarından çıkıp dünya sahnesine adım atan bir kahramandı. Ama Victor'un hikayesi burada bitmiyordu. Asıl büyük macera, bu başarıdan sonra başlıyordu. O, Avrupa'nın en büyük kulüplerinde oynamak, en büyük sahalarda boy göstermek istiyordu. Ve bu hayalini gerçekleştirmek için gereken her şeye sahipti: Yetenek, azim ve en önemlisi, bitmek bilmeyen bir inanç.

# BÖLÜM 3

# AVRUPA'YA AÇILAN KAPI – WOLFSBURG VE İLK ZORLUKLAR

Victor Osimhen, FIFA U-17 Dünya Kupası'ndaki müthiş performansı ile dünya futbolunun radarına girmişti. Turnuvada gösterdiği üstün yetenek, ona Avrupa'nın büyük kulüplerinden bir bilet kazandırdı. Ancak, genç bir oyuncu için Avrupa'ya adım atmak demek, sadece bir kariyer fırsatı değil, aynı zamanda zorlu bir sınav demekti. Afrika'nın toprak sahalarından Avrupa'nın devasa stadyumlarına geçiş, sadece yetenekle değil, dayanıklılıkla da başa çıkılabilecek bir süreçti. Victor'un önünde yeni bir dünya açılıyordu, ama bu dünyada ayakta kalmak için sadece yetenek yeterli olmayacaktı.

2016 yılında Victor, Almanya'nın köklü kulüplerinden Wolfsburg'a transfer oldu. Bu transfer, onun için büyük bir adımdı. Almanya'nın disiplinli futbol kültürü, yüksek tempolu maçları ve zorlu rekabeti onu bekliyordu. Ama daha Almanya'ya adım attığı ilk günden itibaren, Victor'un karşısına zorluklar çıkmaya başladı. Avrupa futbolu, Nijerya'nın toprak sahalarına benzemiyordu. Burada futbol, daha fiziksel, daha hızlı ve daha taktikseldi. Genç Victor, hem saha içinde hem de saha dışında yeni bir ortama uyum sağlamak zorundaydı.

Wolfsburg'da geçirdiği ilk aylar, onun için adeta bir adaptasyon süreciydi. Yeni bir ülkeye alışmak, dil bariyerini aşmak ve farklı bir futbol kültürüne entegre olmak hiç de kolay değildi. Victor, sahada yeteneklerini gösterme konusunda istekliydi, ancak kendisini bir türlü rahat hissedemiyordu. Fiziksel olarak güçlü ve dayanıklıydı, ama Avrupa'daki futbol kültürünün taktiksel ve teknik yönlerine uyum sağlamak zaman alıyordu. Wolfsburg'daki antrenörler onun yeteneğinden şüphe duymasa da, Victor'un saha içinde kendini ifade etme şekli hala gelişim sürecindeydi.

Bu dönemde yaşadığı sakatlıklar, onun Avrupa'daki başlangıcını daha da zorlaştırdı. Sık sık yaşadığı diz ve omuz sakatlıkları, sahada istediği performansı sergilemesine engel oluyordu. O günlerde Victor, kariyerinin belki de en zor anlarını yaşıyordu. Nijerya'da hayal ettiği Avrupa kariyeri, bir türlü beklediği gibi başlamıyordu. Antrenman sahasında gösterdiği çaba ve azim, maçlara yansımıyor; sakatlıklar onu geri planda tutuyordu. Ancak Victor, hiçbir zaman vazgeçmeyi düşünmedi. Her zorluk onu daha da güçlendirdi. O, bu süreçte öğrendiği en önemli şeyin sabır olduğunu her zaman dile getirecekti.

Wolfsburg'daki ilk sezonu beklentilerin çok altında geçti. Maçlara düzenli olarak çıkamayan

Victor, kulüpte kendini ispat edemedi. Bu, onun için büyük bir hayal kırıklığıydı. Genç bir oyuncu olarak, daha ilk adımda tökezlemişti. Nijerya'daki başarı dolu geçmişinden sonra, Avrupa'da henüz istediği başarıyı yakalayamamış olması, hem fiziksel hem de zihinsel olarak onu zorladı. Ancak Victor, bu süreçte en çok dayanıklılığını ve iradesini geliştirdi. Avrupa'nın zorlu futbol dünyasında hayatta kalmak için sadece yetenek değil, aynı zamanda güçlü bir irade gerekiyordu ve Victor bu süreçte iradesini sınama fırsatı buldu.

Wolfsburg'da geçirdiği bu zor dönem, Victor'a çok şey öğretti. Kendisi için her şeyin hızlıca iyi gitmeyeceğini, başarıya giden yolun bazen tökezlemelerle dolu olabileceğini anladı. Ama bu ona pes etmeyi öğretmedi. Tam tersine, her bir başarısızlık onu daha da hırslandırdı. Her ne kadar Wolfsburg'da istediği şansı bulamamış olsa da, Victor, Avrupa'da kendini kanıtlayacağına olan inancını hiç kaybetmedi. Çünkü o, Lagos'un sokaklarında mücadeleyle büyümüştü; hiçbir şeyin kolay olmadığını biliyordu.

Wolfsburg'daki ikinci yılında da aradığı çıkışı bulamayan Victor için başka bir yol açıldı. Genç oyuncunun gelişim sürecine daha fazla katkı sağlayacak bir adım atılması gerekiyordu. Wolfsburg, Victor'u Belçika'nın Charleroi takımına kiraladı. Bu kiralık transfer, Victor için yeniden doğuşun kapılarını aralayacaktı. Belçika'da göstereceği performans, onun kariyerini yeniden rayına oturtabilirdi. Ve Victor, bu fırsatı en iyi şekilde değerlendirmeye hazırdı.

Belçika'ya giderken Victor'un aklında tek bir düşünce vardı: Kendini kanıtlamak. Wolfsburg'da bulamadığı fırsatı Charleroi'da yakalamak için var gücüyle çalıştı. Burada geçirdiği ilk antrenmandan itibaren, onun içinde yanmakta olan o azmi herkes fark ediyordu. Victor, kendine yeni bir şans verilmişti ve bu şansı değerlendirmek için hiçbir fırsatı kaçırmayacaktı.

Charleroi'daki günleri, Victor'un kariyerinde yeniden yükselişe geçeceği günlerin başlangıcıydı. Artık fiziksel ve zihinsel olarak daha güçlüydü. Sakatlıklarını atlatmış, Avrupa futbolunun temposuna alışmıştı. Ama en önemlisi, içinde hiç sönmeyen o inancı, şimdi daha da kuvvetlenmişti. Charleroi, onun için sadece bir futbol sahası değil, bir yeniden doğuş alanıydı. Burada göstereceği performans, Victor Osimhen'in adını yeniden Avrupa futbolunun zirvesine taşıyacaktı.

# BÖLÜM 4

# CHARLEROİ'DE YENİDEN DOĞUŞ

Victor Osimhen'in kariyerinde Charleroi, belki de en kritik dönemeçlerden biriydi. Wolfsburg'da yaşadığı sakatlıklar ve uyum sorunları onu ciddi anlamda yıpratmıştı. Nijerya'dan büyük hayallerle geldiği Avrupa'da, beklediği başarıyı yakalayamamıştı. Ancak Victor için zorluklar her zaman yeniden doğuşun bir kapısıydı. Belçika'nın mütevazı takımı Charleroi, onun için bir umut ışığı oldu. Bu kiralık transfer, Victor'un kendini bulduğu, yeniden ayağa kalktığı yerdi. Futbol sahalarında yeniden gülümsemeye başladığı, yeteneklerini özgürce sergilediği bir sahneydi Charleroi.

Charleroi'ye gelir gelmez Victor, burada farklı bir şeyler olacağını hissetmişti. Yeni bir ortam, yeni takım arkadaşları ve daha sakin bir futbol dünyası onu karşılamıştı. Burada Wolfsburg'daki gibi büyük bir baskı yoktu. Bu sayede Victor, yeniden özgüvenini kazanmak için gerekli olan zamanı ve fırsatı buldu. Charleroi, onun yeteneklerini tam anlamıyla sergileyebileceği bir yerdi. Antrenman sahasına adım attığı ilk günden itibaren, içinde yanmakta olan o ateşi yeniden hissetmeye başladı. Artık sadece sahada var olmanın değil, orada hükmetmenin zamanı gelmişti.

Victor, Charleroi'de geçirdiği ilk maçlarda hemen farkını ortaya koydu. Gücü, hızı ve bitirici vuruşlarıyla Belçika ligine hızlı bir giriş yaptı. Her maçta sahada daha özgüvenli, daha kendinden emin bir futbolcu vardı. Attığı goller, onun yeniden hayallerine doğru yürümeye başladığının işaretiydi.

Charleroi formasıyla ilk sezonunda toplam 20 gol atarak takımının en önemli gol silahı haline geldi. Her gol, Victor'un geçmişteki yaralarını sarmasına ve Avrupa futbolunda yeniden kendine yer bulmasına yardımcı oluyordu.

Charleroi'deki bu performans sadece bir oyuncunun başarısından fazlasını ifade ediyordu. Victor, burada hem futbolcu olarak hem de insan olarak yeniden şekilleniyordu. Wolfsburg'da yaşadığı zorluklar onu derinlemesine etkilemiş, içindeki bazı kırılgan yanları ortaya çıkarmıştı. Ancak Charleroi'de kazandığı özgüven ve huzur, onu mental olarak da çok daha güçlü bir noktaya taşıdı. Burada kazandığı deneyimler, onun sadece bir futbol yıldızı olmasını sağlamadı; aynı zamanda sahadaki ve hayatındaki zorluklarla başa çıkmayı öğrenen bir adam haline gelmesini sağladı.

Belçika ligindeki zorluklar, fiziksel olarak da Victor'u güçlendirdi. Avrupa futbolunun hızına ve sertliğine tam anlamıyla adapte olmuştu. Rakip defans oyuncuları onun karşısında zor anlar yaşıyordu. O artık sadece bir golcü değildi; sahadaki liderlerden biriydi. Antrenörler onun saha görüşüne, oyun zekasına ve çalışkanlığına hayran kalıyordu. Charleroi'deki antrenörü Felice Mazzu, Victor hakkında sıkça "O, yalnızca yetenek değil, aynı zamanda inanılmaz bir savaşçı" diyordu. Bu yorum, Victor'un sahadaki azmi ve tutkusunu en iyi şekilde özetliyordu.

Victor için Charleroi'deki başarı sadece kendisiyle sınırlı değildi. Bu performansı, Avrupa'daki büyük kulüplerin dikkatini yeniden üzerine çekti. Artık onun ismi transfer listelerinin üst sıralarındaydı. Charleroi'deki yükselişi, onu Avrupa'nın devlerine taşıyacak olan bir kapının anahtarıydı. Belçika'da geçirdiği sezonun sonunda, Fransa'nın ünlü kulübü Lille, Victor'u kadrosuna katmak

için harekete geçti. Bu transfer, onun Avrupa futbolunun en prestijli liglerinden birinde boy göstermesine olanak sağlayacaktı.

Charleroi'de geçen bu kısa ama unutulmaz dönem, Victor'un kariyerinin en önemli yapı taşlarından biri oldu. Burada kazandığı özgüven, yeniden futbolun tadını çıkarması ve kendini ispat etmesi, onun kariyerine adeta yeni bir yön verdi. Her ne kadar Charleroi, büyük kulüplerin parıltılı dünyası kadar göz alıcı olmasa da, Victor için en değerli anılar burada birikti. Çünkü o, burada yeniden doğdu. O karanlık günlerden, hayal kırıklıklarıyla dolu antrenmanlardan sonra,

Victor artık hayallerine yeniden sarılabilecek güçteydi. Charleroi'de atılan her gol, onun sahaya olan sevgisini ve futbolun büyüsüne olan inancını yeniden alevlendirdi.

Lille'e transfer olduğu gün, Victor'un içinde başka bir heyecan vardı. Artık kariyerinde bir üst seviyeye çıkmanın zamanı gelmişti. Belçika'da yeniden doğmuş, güçlenmiş ve hazır hale gelmişti. Fransa'da ise onu çok daha büyük meydan okumalar bekliyordu. Ama Victor artık sadece bir futbolcu değil, azmi ve kararlılığıyla her zorluğun üstesinden gelebilecek bir liderdi. Charleroi, onun için bir yuva olmuştu; buradan ayrılmak zor olsa da, Victor'un gözü her zaman daha yüksekteydi. Çünkü Lagos'un toprak sahalarından bu yana, onun için tek bir hedef vardı: Zirveye ulaşmak.

Charleroi'de yaşadığı bu yeniden doğuş, Victor'un futbol dünyasındaki yolculuğunun sadece bir başlangıcıydı. Her şeyin daha yeni başladığını biliyordu. Fransa, onun için yepyeni bir macera-nın kapısını aralayacaktı. Victor, yeniden parlayan bir yıldız olarak Avrupa futbolunun en büyük sah-nelerine doğru yürüyordu.

# BÖLÜM 5

# FRANSA'DA YÜKSELİŞ – LİLLE'DE DOĞAN YILDIZ

Victor Osimhen'in Charleroi'deki yeniden doğuşu, onu sadece Belçika'da değil, tüm Avrupa'da takip edilen bir futbolcu haline getirdi. Ancak gerçek büyük sıçrama, 2019 yazında Fransa'nın köklü kulüplerinden Lille'e transfer olmasıyla yaşandı. Bu transfer, Victor'un kariyerinde yeni bir sayfanın açıldığı anı temsil ediyordu. Lille, Avrupa futbolunda yetenek avcılığıyla bilinen bir kulüptü ve Victor da onların en büyük keşiflerinden biri olmaya adaydı. Fakat bu macera, onun için yalnızca bir yeni başlangıç değil, aynı zamanda çok daha büyük beklentilerin ve zorlukların olduğu bir sahneydi.

Victor, Lille'e transfer olduğunda birçok kişi ondan ne bekleyeceğini bilmiyordu. Elbette Charleroi'deki muhteşem performansı dikkat çekiciydi, ancak Fransa Ligue 1 bambaşka bir seviyedeydi. Burada, dünyanın en iyi savunmacıları, en yetenekli oyuncuları ile karşı karşıya gelecekti. Bu meydan okuma, Victor'un kendini tam anlamıyla kanıtlaması için harika bir fırsattı. Fransa'da başarılı olursa, dünya futbol sahnesinde adı çok daha geniş kitleler tarafından duyulacaktı.

Lille'deki ilk sezonu, Victor'un beklenenden çok daha iyi performans sergilediği bir dönem oldu. İlk maçtan itibaren sahadaki dinamizmi, bitirici vuruşları ve hızıyla dikkatleri üzerine çekti. Onun oyun stili, savunmaları yoran, fırsatları kovalayan ve hiçbir zaman vazgeçmeyen bir yapıya sahipti. Lille'in genç teknik direktörü Christophe Galtier, Victor'un bu hırsını ve bitmek bilmeyen enerjisini hemen fark etti ve ona takımın hücum hattında lider rolünü verdi. Bu güven, Victor'un sahada daha da özgüvenli oynamasını sağladı.

Sezon boyunca Victor, hem Ligue 1'de hem de Avrupa Ligi'nde harikalar yarattı. Lille formasıyla ilk sezonunda toplam 18 gol atarak takımının en önemli gol silahı haline geldi. Onun attığı goller sadece skora katkı sağlamakla kalmıyordu; takım arkadaşlarına ilham veriyor, tribünleri coşturuyordu. Victor'un her golü, sadece bir futbolcunun başarısı değil, Lagos'tan Fransa'ya uzanan bir başarı hikayesinin devamıydı. Attığı her gol, hayatındaki zorluklara karşı kazandığı bir zaferdi.

Lille'de geçirdiği bu sezon, Victor için aynı zamanda kişisel bir olgunlaşma süreciydi. Avrupa futbolunun en zor liglerinden birinde gösterdiği başarı, ona hem sahada hem de saha dışında büyük bir saygı kazandırdı. Fransa'daki futbol kültürü, onun oyun zekasını ve taktiksel yeteneklerini geliştirmesi için ideal bir ortam sundu. Victor, sadece bir golcü değil, aynı zamanda oyunu iki yönlü oynayabilen, defansif görevlerini de yerine getiren komple bir forvet haline geliyordu. Takım arkadaşları ve teknik ekip, onun azmi ve çalışkanlığı karşısında büyülenmişti. Her antrenmanda en iyisini vermek için çabalayan Victor, bu özverisiyle hem taraftarların hem de takımın sevgisini kazandı.

Ancak Victor'un Lille'deki başarısı sadece sahadaki yetenekleriyle sınırlı değildi. Onun karakteri, mütevazılığı ve çalışkanlığı, onu Fransa futbol kamuoyunun gözünde özel bir yere taşıdı. Yaşadığı her zorluğun ardından ayağa kalkmayı başarmış, asla pes etmeyen bir ruhu vardı. Bu özellikleri, Victor'u genç futbolcular için bir rol model haline getirdi. Charleroi'den gelen bu genç adam, artık Avrupa'nın en iyi liglerinde kendini kanıtlamış bir yıldız olarak anılıyordu.

Lille'de geçirdiği süre boyunca, Victor sadece kendi yeteneklerini geliştirmekle kalmadı, aynı zamanda takımına da büyük katkılar sağladı. Lille, Fransa'da şampiyonluk mücadelesi veren bir takım haline gelmişti ve Victor bu süreçte takımın en kilit oyuncularından biri oldu. Onun hücum hattındaki etkinliği, savunmaları zorlayan bitirici vuruşları ve sahada gösterdiği liderlik, Lille'i bir üst seviyeye taşıdı. Fransa basını onu her hafta övüyor, büyük kulüplerin radarına girdiğinden sıkça bahsediliyordu. Ancak Victor'un aklında sadece bir şey vardı: Sahada elinden gelenin en iyisini yapmak ve Lille formasıyla başarıya ulaşmak.

2020 sezonu sonunda Victor, Avrupa futbolunun dev kulüplerinin transfer listesine girmişti. Napoli, Arsenal, Manchester United gibi kulüpler onun peşindeydi. Ama onun için önemli olan doğru zamanda doğru adımı atmaktı. Lille'de geçirdiği bu muhteşem sezonun ardından, kariyerinde yeni bir döneme daha hazırdı. Victor artık bir dünya yıldızı olma yolundaydı ve bu yolda attığı her adım, onun için yeni bir zafer anlamına geliyordu.

Lille'deki bu dönem, Victor Osimhen'in kariyerindeki en önemli kilometre taşlarından biri oldu. Burada gösterdiği performans, onu dünya futbolunun elit forvetleri arasına soktu. Ancak Victor için başarı yolculuğu henüz bitmemişti. Fransa'daki başarısının ardından, onu İtalya'da çok daha büyük meydan okumalar bekliyordu. Napoli'nin onun için devreye girmesiyle birlikte, Victor kariyerinde yepyeni bir maceraya adım atmak üzereydi. Ama Fransa'da yaşadığı bu başarı dolu dönem, onun özgüvenini zirveye taşıyan ve gelecekteki başarıların temelini atan bir süreç olarak hafızalara kazınacaktı.

# BÖLÜM 6

# İTALYA'DA YENİ BİR BAŞLANGIÇ – NAPOLİ GÜNLERİ

Victor Osimhen'in kariyerindeki en büyük sıçramalardan biri, 2020 yılında İtalya'nın dev kulübü Napoli'ye transfer olmasıyla gerçekleşti. Lille'de gösterdiği muhteşem performansla Avrupa futbolunun dikkatini çeken Victor, artık sahneye bir adım daha yaklaşmıştı. Napoli, sadece İtalya'nın değil, Avrupa'nın en köklü kulüplerinden biriydi ve Victor'un burada göstereceği performans, onun kariyerinde belirleyici olacaktı. Napoli, Maradona'nın izini sürdüğü, tutkulu taraftarlarıyla bilinen bir futbol şehriydi. Bu şehirde başarılı olmak, her futbolcunun hayaliydi. Ancak Napoli, aynı zamanda büyük bir baskı demekti ve

Victor, bu meydan okumayı kabul ederek bir kez daha sahneye çıkmaya hazırlanıyordu.

Victor Osimhen, Napoli'ye transfer olduğunda, İtalya basınında büyük yankı uyandırdı. Napoli, onun için büyük bir yatırım yapmış, Lille'den yüksek bir bonservis bedeli ödemişti. Bu da üzerindeki beklentileri artırmıştı. Napoli taraftarları, onun Maradona'nın mirasına layık bir yıldız olmasını bekliyor, forvetteki boşluğu doldurmasını umuyordu. Ancak Victor, bu büyük baskıya rağmen, İtalya'daki yeni hayatına sakin ve kararlı bir şekilde adım attı. Çünkü onun kariyerinde hiçbir şey kolay olmamıştı ve bu yeni meydan okuma da onun için sadece bir fırsattı.

Napoli'de geçirdiği ilk günlerden itibaren Victor'un sahadaki etkisi hemen hissedildi. İtalyan futbolunun fiziksel sertliği ve taktik disiplini, onun oyun stiline uyum sağlaması gereken yeni zorluklar sundu. Ancak Victor, hızı ve gücüyle

Serie A'nın katı savunmalarını zorlamayı başardı. İlk maçlarından itibaren gösterdiği performans, onun Napoli'de uzun yıllar unutulmayacak bir iz bırakacağının habercisiydi. Napoli formasıyla attığı ilk gol, tribünlerdeki coşkuyu artırdı. O andan itibaren, San Paolo Stadyumu'nda her maçta onun adı yankılanıyordu. O artık Napoli'nin yeni yıldızıydı.

Ancak, Victor'un Napoli'deki ilk sezonu tam da istediği gibi başlamadı. İtalya'da da sakatlıklar peşini bırakmamıştı. Sezonun ortasında yaşadığı omuz sakatlığı, onu sahalardan bir süre uzak tuttu. Bu dönem, Victor için hem fiziksel hem de zihinsel bir sınav oldu. Futbol sahasında gösterdiği mücadelenin yanında, sakatlıklarla da savaşmak zorundaydı. Napoli'deki ilk sezonu boyunca sık sık bu sakatlıklarla boğuştu ve beklenen sürekliliği sağlayamadı. Ancak Victor, tüm bu zorluklara rağmen pes etmedi. Sahalara geri döndüğünde, kaldığı yerden devam etmek için elinden geleni yaptı.

Sakatlıklarla geçen bu süreç, Victor'un iradesini ve dayanıklılığını bir kez daha sınadı. Ama o, geçmişte olduğu gibi, her zorluktan daha güçlü çıkmayı başardı. Sahalara döndüğünde gösterdiği performansla Napoli taraftarlarının sevgisini kazandı. Sezonun sonuna doğru attığı kritik goller, takımının önemli maçlarda galip gelmesine yardımcı oldu. Onun sahada olduğu her an, Napoli'nin hücum hattı daha güçlü ve daha dinamikti. Victor, sadece bir golcü değil, aynı zamanda takımın ruhunu yansıtan bir liderdi. Onun hırsı ve azmi, sahadaki diğer oyunculara da ilham veriyordu.

Victor'un Napoli'deki ikinci sezonu ise tam anlamıyla patlama yaşadığı bir dönem oldu. Sakatlıklarla boğuştuğu ilk sezonun ardından, tamamen sağlıklı bir şekilde sahalara döndü ve performansını her geçen gün daha da yükseltti. Attığı goller, yaptığı asistler ve sahadaki liderliğiyle Napoli'nin hücum hattını adeta tek başına sırtladı. Serie A'nın en sert savunmaları bile onun hızına ve bitiriciliğine karşı durmakta zorlanıyordu. O artık İtalya'nın en korkulan forvetlerinden biri haline gelmişti.

Victor'un Napoli'deki başarısı, sadece onun yeteneğiyle açıklanamazdı. Bu başarı, onun sahadaki azmi, çalışkanlığı ve asla vazgeçmeyen ruhuyla örülüydü. Her maçta, her antrenmanda en iyisini vermek için çabalayan Victor, Napoli'deki takım arkadaşlarının da saygısını kazandı. Onun sahadaki liderliği, takımın geri kalanını da motive ediyordu. Napoli'deki teknik direktörler, onun sahadaki etkisini her fırsatta vurguluyor, onun gibi bir oyuncuya sahip olmanın takım için ne kadar büyük bir şans olduğunu dile getiriyorlardı.

Napoli'nin tutkulu taraftarları da Victor'a hayran kalmıştı. Onun sahada gösterdiği hırs ve enerjisi, tribünlerde büyük bir coşku yaratıyordu. Her golünden sonra tribünlerde onun adı yankılanıyor, taraftarlar onunla birlikte kutlama yapıyordu. Victor, sadece bir golcü değil, aynı zamanda Napoli'nin yeni kahramanı haline gelmişti. Bu şehirde, futbol bir yaşam biçimiydi ve Victor, bu yaşam biçiminin en parlak yıldızıydı.

Napoli'de geçirdiği bu başarılı dönem, onun kariyerinde çok daha büyük kapıların açılmasını sağladı. Avrupa'nın dev kulüpleri, onun peşindeydi. Ancak Victor için önemli olan, her zaman olduğu gibi, sahada elinden gelenin en iyisini vermekti. Napoli formasıyla kazandığı başarılar, onun azimle, kararlılıkla ve bitmek bilmeyen bir inançla neler başarabileceğini bir kez daha gösterdi.

Victor Osimhen, Napoli'de sadece bir futbolcu değil, bir efsane haline geliyordu. Sahada gösterdiği performans, Napoli'nin tarihine altın harflerle yazılacak başarıların habercisiydi. Ancak onun için bu yolculuk henüz bitmemişti. Çünkü Victor, her zaman daha yükseğe ulaşmayı hedefleyen bir adamdı. Napoli'de gösterdiği bu performans, onu futbol dünyasının en üst seviyesine taşırken, onun için yeni meydan okumalar da ufukta belirmişti.

# BÖLÜM 7

# ZAFERİN ADIMLARI – NAPOLİ'DE ŞAMPİYONLUK HAYALİ

Victor Osimhen, Napoli'ye adım attığı günden itibaren şehri büyüleyen, tribünleri ateşleyen bir yıldız haline geldi. Ancak Napoli'deki yolculuğunun en büyük hedefi, kulübün yıllardır beklediği o büyük başarıyı getirmekti: Serie A şampiyonluğu. Napoli, Maradona'nın önderliğinde 1990 yılında kazandığı son şampiyonluktan bu yana, Serie A'nın zirvesine bir daha ulaşamamıştı. Bu şehirde futbol, bir yaşam biçimiydi ve şampiyonluk için duyulan özlem, bir neslin hayalini süslüyordu. Victor, bu hayalin bir parçası olmaya kararlıydı. Napoli'nin o ihtişamlı günlerini geri getirmek, onun için sadece bir futbol başarısı değil, bir tarih yazma fırsatıydı.

Victor'un Napoli formasıyla geçirdiği ikinci sezon, şampiyonluk hayalini gerçekleştirme yolunda büyük adımların atıldığı bir sezon oldu. İtalyan futbolunun en zor ve sert savunmalarına karşı Victor, adeta bir savaşçı gibi mücadele ediyordu. Her maça çıkarken yüzünde azmin ve kararlılığın izleri vardı. Napoli taraftarları, San Paolo Stadı'nda onun her golünden sonra çılgına dönüyordu. Her gol, sadece bir sayı değildi; o şehrin yıllardır beklediği şampiyonluğa biraz daha yaklaştığının işaretiydi. Victor, takımın hücum hattında sadece bir forvet değil, bir lider haline gelmişti. Onun hızı, çevikliği ve bitirici vuruşları, Serie A'daki en güçlü savunmaları bile alt ediyordu.

Ancak şampiyonluk mücadelesi, sadece sahadaki rakiplerle değil, aynı zamanda zihinsel bir savaştı. Napoli, sezon boyunca inişli çıkışlı dönemler geçirdi. Bazı haftalarda aldıkları yenilgiler, şampiyonluk umutlarını zorladı. Fakat Victor, her zorlu dönemde takımını ayakta tutan en önemli oyuncu oldu. Onun liderliği, sadece sahadaki performansıyla sınırlı değildi. Soyunma odasında da takım arkadaşlarına moral veriyor, onları bir arada tutuyordu. Napoli'nin bu sezonki başarısının arkasındaki en büyük itici güçlerden biri, Victor'un asla pes etmeyen ruhuydu. O, her zaman daha fazlası için savaşıyordu. Çünkü Lagos sokaklarından Napoli'nin tarihi stadyumlarına uzanan bu yolculukta, onun için tek bir hedef vardı: zirve.

Şampiyonluk yarışında her şey adım adım inşa ediliyordu. Napoli, her galibiyetle birlikte liderlik yarışında yerini sağlamlaştırırken, Victor da attığı gollerle takımını sırtlıyordu. Özellikle sezonun kritik dönemlerinde attığı goller, Napoli'nin puan kaybını engelledi ve onları şampiyonluk yarışında tutmayı başardı. O, sadece bir golcü değil, aynı zamanda büyük maçların oyuncusuydu. Takımın en çok ihtiyaç duyduğu anlarda sahneye çıkıyor ve sorumluluk alıyordu. Bu, onun Napoli için ne kadar vazgeçilmez bir oyuncu olduğunu gösteriyordu.

Sezonun sonlarına doğru Napoli, şampiyonluk için en güçlü adaylardan biri haline gelmişti. Taraftarların umutları, her geçen gün daha da artıyordu. Napoli, yıllardır beklediği bu anı yaşamak üzereydi. Victor, sahada tüm gücüyle mücadele ederken, tribünlerde binlerce Napoli taraftarı onun her hareketini alkışlarla destekliyordu. O, Napoli halkının kahramanı haline gelmişti. Napoli'nin şampiyonluk hayalini gerçekleştirme yolunda her adımında Victor'un imzası vardı.

Napoli'de şampiyonluk sadece bir spor başarısı değil, bir kentin ruhunu yeniden canlandıran bir zafer olacaktı. Maradona'nın mirasını taşıyan bu kulüp, onun anısına bir şampiyonluk daha eklemek için savaş veriyordu. Ve bu savaşın en ön safında Victor Osimhen yer alıyordu. Napoli halkı, Maradona'dan sonra ilk kez böyle bir kahramana sahipti. Herkes onun sahada gösterdiği tutku ve azme hayran kalıyordu. Victor, Napoli için sadece bir futbolcu değildi; o, bir inanç simgesiydi.

Ancak şampiyonluk yolculuğu hiçbir zaman kolay olmadı. Sezon boyunca zorlu rakipler, yoğun maç takvimi ve sakatlıklar Napoli'nin şampiyonluk yolculuğuna engeller koydu. Ancak Victor, her engelin üstesinden geldi. Sahadaki duruşu, asla pes etmeyen yapısıyla Napoli taraftarlarına umut vermeye devam etti. O, bu zorlu süreçte adeta bir savaşçı gibi mücadele ediyor, her maçta kendisini adeta yeniden doğmuş gibi gösteriyordu.

Sezonun son maçlarına yaklaştıkça, heyecan da giderek artıyordu. Napoli, şampiyonluk ipini göğüslemeye hiç bu kadar yakın olmamıştı.

Victor, her antrenmanda, her maçta elinden gelenin en iyisini yapıyor, sadece Napoli'yi değil, tüm Serie A'yı büyülüyordu. Onun hikayesi, sadece bir futbolcunun başarı hikayesi değil, aynı zamanda bir halkın hayalini gerçekleştirme yolunda attığı adımların öyküsüydü. Victor'un attığı her gol, Napoli'nin kalbinde bir umut ışığı yakıyordu.

Ve o an geldiğinde, Napoli'deki tüm gözler sahadaydı. Victor, yıllardır beklenen o büyük şampiyonluğu takımına kazandırmak için sahadaydı. O, bu şehre verdiği sözün peşindeydi: Şampiyonluk kupasını Napoli'ye geri getirecekti. Maç bittiğinde, o an tribünlerden yükselen çığlıklar, Napoli sokaklarındaki sevinç gösterileri, Victor'un adını futbol tarihine altın harflerle yazdı. Napoli'nin şampiyonu, Lagos'un sokaklarından gelen bu genç adamdı. Victor, sadece Napoli'ye bir şampiyonluk getirmedi; o, bir kentin hayallerini gerçekleştirdi.

# BÖLÜM 8

# ZAFERİN ARDINDAN – VİCTOR'UN NAPOLİ'DEKİ EFSANELEŞEN YOLU

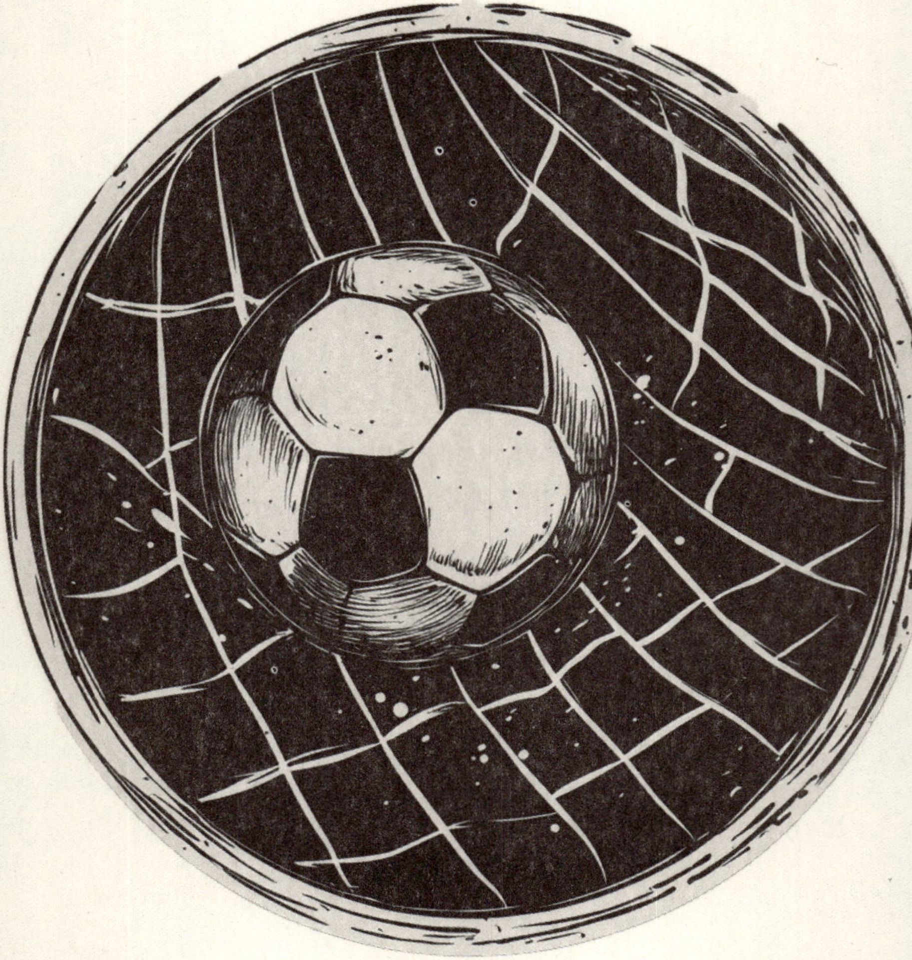

Napoli'nin yıllar sonra gelen şampiyonluğunu kutladığı o tarihi gün, Victor Osimhen'in kariyerinin zirve noktalarından biriydi. Ancak onun hikayesi, sadece bir şampiyonlukla bitmedi. Bu zafer, Victor'un Napoli'de bir efsaneye dönüşmeye başladığının işaretiydi. O, sadece attığı gollerle değil, gösterdiği karakter ve liderlikle Napoli halkının kalbinde taht kurmuştu. Artık adını Napoli'nin tarihine altın harflerle yazdırmış bir kahramandı. Fakat zaferin ardından gelen sorular da beraberinde geliyordu: Victor Osimhen için sırada ne vardı? Bu büyük başarı ona neler getirecekti?

Şampiyonluk sonrası Napoli sokaklarında hala zafer şarkıları yankılanırken, Victor bu başarıyı derin bir şekilde içselleştiriyordu. Çünkü o, Lagos'taki zor günlerden buralara kadar gelmenin ne demek olduğunu en iyi bilen kişiydi. Bir zamanlar toprak sahalarda yalın ayak koşarken hayalini kurduğu bu an, şimdi onun ellerindeydi. Fakat Victor için başarı, sadece bir kupa kaldırmaktan ibaret değildi. O, her zaman daha fazlasını isteyen, sınırları zorlayan biriydi. Napoli'de kazandığı şampiyonlukla birlikte hem kariyerinde hem de kişisel gelişiminde büyük bir adım daha atmıştı.

Napoli halkı, Victor'u bir kahraman olarak görüyordu. Şehrin her köşesinde onun ismi yankılanıyordu. Maçlardan sonra, sokaklarda onun resimlerinin olduğu pankartlar asılıydı. Napoli, Maradona'dan sonra ilk kez böyle bir yıldızı bağrına basmıştı. Victor'un her golü, tribünlerde büyük bir coşkuyla kutlanıyor, taraftarlar onun için besteler yapıyordu. O artık sadece bir futbolcu değildi; bir efsaneydi. Napoli'de, zaferin simgesi haline gelmişti. Herkes onun etrafında birleşmiş, şehir onun liderliğinde yeniden doğmuştu.

Victor için şampiyonluk sonrası dönem, kariyerinde yeni fırsatların kapısını araladı. Avrupa'nın en büyük kulüpleri, onun peşindeydi. Napoli formasıyla gösterdiği performans, Avrupa'nın dev kulüplerinin transfer listelerinde ilk sıralarda yer almasını sağlamıştı. Fakat Victor, Napoli'ye olan bağlılığını her fırsatta dile getiriyordu. Bu şehirde sadece bir futbolcu değil, bir ailenin parçası gibi hissediyordu. Napoli halkının ona olan sevgisi, ona güç veriyordu. Fakat bir yandan da futbol dünyasının acımasız gerçekleri devreye giriyordu. Büyük kulüplerin yaptığı astronomik tekliflerle, Victor'un kariyerinde yeni bir sayfa açılıp açılmayacağı sorusu gündeme gelmeye başlamıştı.

Bu süreçte Victor, Napoli'deki varlığını koruma-ya ve takımını yeni başarılara taşımaya kararlıydı. Napoli'nin şampiyonluğundan sonraki sezon, hem Victor hem de takım için yeni meydan okumalar getirdi. Avrupa'nın en prestijli kupası olan Şampiyonlar Ligi'nde boy göstermek, Victor'un kariyerinde bir sonraki hedef haline gelmişti. Napoli, yıllar sonra Avrupa'nın zirvesinde de adından söz ettirmek istiyordu ve Victor, bu yolda takımının en büyük silahıydı.

Şampiyonlar Ligi'ndeki mücadeleler, Victor'un sadece İtalya'da değil, tüm Avrupa'da ne kadar önemli bir oyuncu olduğunu bir kez daha gösterdi. Özellikle grup aşamasındaki zorlu maçlarda attığı goller, Napoli'nin ilerlemesini sağladı. Onun sahadaki kararlılığı, Napoli'nin Avrupa'daki rakipleri karşısında direnç göstermesini sağlıyordu. Her golünde, sadece takımı için değil, Napoli halkı için de savaştığını hissedebiliyordunuz. O, bu şehirde büyük bir misyonun parçasıydı: Napoli'yi sadece İtalya'da değil, Avrupa'da da zirveye taşımak.

Ancak Victor'un bu dönemde karşılaştığı zorluklar sadece futbol sahasıyla sınırlı değildi. Büyük başarılar, her zaman daha büyük sorumluluklar getirir. Napoli'nin lider oyuncusu olarak, hem takım arkadaşlarının hem de taraftarların beklentisi onun omuzlarına daha fazla yük bindirdi. Victor, bu baskıyı en iyi şekilde yönetmeye çalıştı. Çünkü o, kariyerinde her zaman baskıyla başa çıkmayı öğrenmişti. Lagos'un toprak sahalarından, Avrupa'nın en büyük arenalarına uzanan bu yolculukta, her adımında daha da güçlenmişti. Bu yüzden, Napoli'de liderliği üstlenmek onun için bir görevden ziyade, bir onurdu.

Sezon ilerledikçe Victor, Napoli için daha da vazgeçilmez bir oyuncu haline geldi. Şampiyonlar Ligi'nde ve Serie A'da gösterdiği performans, Napoli'yi her iki kulvarda da zirveye taşıdı. Napoli halkı, onunla bir kez daha gurur duyuyordu. Ancak Victor'un aklında hep daha büyük hedefler vardı. O, sadece bir şampiyonluk ya da bir kupa kazanmakla yetinemezdi. Çünkü onun hayalleri, sınır tanımıyordu. Napoli'de şampiyonluk kazandığı o ilk günden itibaren, hep daha fazlasını istemişti.

Victor Osimhen, Napoli'de efsaneleşen bir isim haline gelmişti. Şehirdeki çocuklar onun adını haykırıyor, genç futbolcular onun izinden gitmek için hayaller kuruyordu. O, Napoli'nin bir simgesi, bir kahramanıydı. Fakat Victor için bu başarılar bir son değildi. Çünkü o, hayatı boyunca her zaman daha fazlasını isteyen, asla durmayan bir savaşçı olmuştu. Napoli'de kazandığı şampiyonluklar, attığı goller, sadece bir başlangıçtı. Onun hikayesi, Napoli'de yazılmaya devam ediyordu.

# BÖLÜM 9
# VİCTOR'UN YOLCULUĞU – AVRUPA'NIN ZİRVESİNE DOĞRU

Victor Osimhen, Napoli'deki başarılarıyla futbol dünyasının en gözde isimlerinden biri haline gelmişti. Şampiyonlukla taçlanan Napoli kariyeri, onu yalnızca bir kulübün kahramanı yapmadı; tüm Avrupa'da takip edilen bir yıldız haline dönüştürdü. Şimdi önünde yepyeni hedefler vardı: Hem Napoli ile hem de bireysel olarak Avrupa futbolunun zirvesine tırmanmak. Çünkü Victor'un ruhunda hep daha fazlasına ulaşma arzusu vardı. Başarı, onun için son durak değil, sadece daha büyük hedeflere giden yolda bir adımdı.

Napoli'de kazandığı şampiyonluk, onun adını efsaneler arasına yazdırmıştı, ancak Victor'un hayalleri bunun çok daha ötesindeydi. Gözünü diktiği bir başka büyük zafer vardı: Şampiyonlar Ligi. Napoli, tarihinde hiç bu büyük kupayı kazanamamıştı. Bu yüzden, Victor için bu hedef sadece bir futbol başarısı değil, Napoli şehrine ve taraftarlarına yeni bir armağan olacaktı. Şampiyonlar Ligi, Avrupa'nın en büyük sahnesiydi ve Victor, bu sahnede parlamak için yanıp tutuşuyordu.

Yeni sezonda Napoli, Şampiyonlar Ligi macerasına büyük umutlarla başladı. Victor, takımın hücum hattındaki en büyük silahıydı ve sahada gösterdiği performansla bunu her maçta kanıtlıyordu. Grup aşamasındaki ilk maçlarda attığı goller, Napoli'nin adını bir üst tura yazdırmasına yetti. Ancak Victor için sadece grup aşamaları yetmezdi. Onun hayalinde, Napoli'yi finale taşımak ve kulüp tarihine geçmek vardı. Her maçta sahaya çıktığında gözlerinde aynı kararlılık ve hırs parlıyordu. Çünkü o, her ne kadar birçok başarıya ulaşmış olsa da, asla yetinmeyen bir karakterdi.

Şampiyonlar Ligi'nde ilerledikçe Napoli, Avrupa'nın dev kulüplerine karşı mücadele etmeye başladı. Real Madrid, Bayern Münih, Manchester City gibi kulüpler, Victor ve arkadaşlarının karşısında duruyordu. Ancak Napoli, bu büyük maçlarda korkusuzca mücadele etti. Victor, bu dev kulüplerin savunmalarını zorlayan bir oyuncu olarak her maçta fark yaratıyordu. O, sadece bir golcü değil, aynı zamanda bir savaşçıydı. Rakip savunmalar ona karşı nasıl önlem alacaklarını bilemezken, Victor her seferinde farklı bir silahını ortaya koyuyordu. Kimi zaman hızıyla savunmayı delip geçiyor, kimi zaman ise hava toplarındaki üstünlüğüyle başları döndürüyordu.

Ancak Şampiyonlar Ligi'nde bu mücadeleler, hem fiziksel hem de zihinsel olarak büyük bir sınavdı. Victor, bu süreçte sakatlıklarla da boğuştu.

Napoli için oynadığı her maçta vücudunu adeta sonuna kadar zorladı. Bir forvet olarak attığı her golün öncesinde, fiziksel olarak ne kadar büyük bir savaş verdiğini herkes biliyordu. Onun için bu mücadele, sahadaki rakiplerle olduğu kadar, kendi vücuduyla da verdiği bir savaştı. Ancak her sakatlık, Victor'u bir adım daha geri çekse de, o her seferinde daha güçlü bir şekilde geri döndü.

Napoli'nin Şampiyonlar Ligi'ndeki ilerleyişi, tüm Avrupa'da büyük yankı uyandırıyordu. Futbol dünyası, bu genç ve dinamik takımı konuşuyordu. Ancak herkesin hemfikir olduğu bir şey vardı: Napoli'nin bu başarısının arkasındaki kilit isim, Victor Osimhen'di. Onun attığı goller, yaptığı asistler ve sahadaki liderliği, Napoli'yi bu büyük arenada ayakta tutuyordu. Artık herkes onun Avrupa'nın en iyi forvetlerinden biri olduğunu kabul ediyordu. Fakat Victor'un aklında tek bir şey vardı: Takımını finale taşımak ve Şampiyonlar Ligi kupasını Napoli'ye getirmek.

Çeyrek final maçında, Napoli tarihi bir mücadele verdi. Victor, bu maçta attığı iki golle takımını yarı finale taşıdı. Maçın bitiş düdüğüyle birlikte Napoli taraftarları coşkuyla sokaklara dökülmüş, bu büyük başarıyı kutluyordu. Victor'un adı, Napoli'nin tarihine altın harflerle yazılmaya devam ediyordu. Ancak onun gözlerinde daha yolun sonuna gelinmediği belliydi. Yarı final ve final, onun için gerçek meydan okuma olacaktı. Çünkü Victor, sadece iyi bir oyuncu değil, büyük maçların oyuncusuydu. O, en büyük sahnelerde en büyük işleri başaran bir futbolcuydu.

Yarı finalde Napoli, Avrupa'nın devlerinden biri olan Real Madrid ile karşılaştı. Bu, Victor için kariyerinin en büyük sınavlarından biriydi. Real Madrid gibi bir kulübe karşı başarılı olmak, onun adını dünya futbolunun zirvesine taşıyacaktı. Maç boyunca sahada gösterdiği performans, adeta bir sanat eseriydi. Victor, rakip savunmaya korku salan bir hücum silahıydı. Ancak bu zorlu mücadelede Napoli, tüm çabalarına rağmen elendi. Bu yenilgi, Victor için büyük bir hayal kırıklığı oldu. Sahada elinden gelen her şeyi yapmasına rağmen, takımını finale taşıyamamıştı. Ancak Victor'un ruhunda bu yenilgiyi kabul etmek yoktu. O, bu mücadeleden dersler çıkaracak ve bir gün o kupayı kaldıracağına olan inancını kaybetmeyecekti.

Real Madrid karşısında kaybetmek, Victor'un Napoli'deki yolculuğunu bitirmedi. Tam tersine, bu yenilgi ona daha büyük bir hedef verdi. Şampiyonlar Ligi hayalini gerçekleştirememiş olsa da, Victor için futbol hayatında daha birçok büyük başarı vardı. Napoli taraftarları, onun her maçta sahada gösterdiği mücadeleye hayran kalmaya devam ediyordu. Çünkü onlar, Victor'un bu yenilgiyi kişisel bir mesele haline getirdiğini biliyorlardı. O, bir gün Napoli'yi bu büyük arenada yeniden ayağa kaldıracak ve şampiyonluk kupasını alacaktı.

Victor Osimhen, Napoli'deki başarısıyla sadece bir futbolcu değil, bir efsane haline geldi. Şampiyonlar Ligi'nde gösterdiği performans, onun dünya futbolunun en büyük sahnelerinde de ne kadar etkili olabileceğini gösterdi. Her ne kadar bu kez şampiyonluk gelmemiş olsa da, onun adı futbol tarihine altın harflerle yazıldı. Victor'un yolculuğu, her zaman zorluklarla dolu oldu ama o her zaman bu zorluklardan daha güçlü bir şekilde çıkmayı başardı. Napoli'deki hikayesi henüz sona ermemişti. Çünkü onun için başarı, asla bitmeyen bir yolculuktu.

# BÖLÜM 10

# GALATASARAY'DA YENİ BİR SAYFA – VİCTOR OSİMHEN'İN İSTANBUL YOLCULUĞU

Futbol dünyası, her transfer sezonunda büyük sürprizler yaşar; ama bazı transferler vardır ki, tüm dengeleri değiştirir, heyecanı doruğa çıkarır. İşte 2024 yazında gerçekleşen Victor Osimhen'in Galatasaray'a transferi tam olarak böyle bir adımdı. Avrupa'nın en iyi forvetlerinden biri olarak kabul edilen, 25 yaşında zirvede bir kariyer süren Victor, Napoli'de büyük başarılar elde ettikten sonra yeni bir macera için İstanbul'u seçti. O henüz Galatasaray formasıyla bir maça çıkmamıştı, ama bu transferin yankıları Türkiye'de ve Avrupa'da büyük bir heyecan yaratmıştı. Peki, Victor neden Galatasaray'ı seçti? Napoli'de yaşadığı problemler onu bu kararı almaya iten neydi? Ve şimdi İstanbul'da hedefleri nelerdi?

## Napoli'de Bir Efsane Ama...

Victor Osimhen'in Napoli kariyeri, futbol dünyasında çok az oyuncunun başarabildiği türden bir başarı öyküsüydü. Napoli, yıllardır özlemini çektiği Serie A şampiyonluğunu 2022-2023 sezonunda Victor'un attığı gollerle kazandı. O sezon, Serie A'nın en iyi forveti seçildi, Şampiyonlar Ligi'nde gösterdiği performansla Avrupa'nın en iyi 4 forvet oyuncusundan biri olarak kabul edildi. Bu başarılar, Victor'un adını futbol dünyasının zirvesine taşıdı. Ancak bu başarılarla dolu sezonun ardından gelen şampiyonluk bile, Napoli'deki bazı sorunların üzerini örtmeye yetmedi.

Napoli, futbol tutkusu ile bilinen, Maradona'nın gölgesinde yaşayan bir şehir. Bu tutku bazen o kadar büyük olur ki, en büyük başarılar bile yetmez. Victor, Napoli taraftarlarının sevgisini kazansa da, kulüp içindeki bazı sorunlar ve şehirdeki baskı, onun için yeni bir arayışa yol açtı. Takım içindeki taktiksel anlaşmazlıklar, yönetimle yaşadığı sorunlar ve sürekli artan beklentiler, onun İtalya'daki huzurunu kaçırdı. İtalya basını, onun her hareketini izliyor, attığı her adımı eleştiriyordu. Her ne kadar sahada efsanevi bir performans sergilese de, saha dışındaki bu baskılar Victor'un zihninde derin izler bıraktı.

Napoli'deki bu baskı ve yönetimle yaşanan bazı anlaşmazlıklar, onun yeni bir başlangıç arayışına girmesine sebep oldu. Avrupa'nın dev kulüplerinden teklifler alsa da, Victor için önemli olan sadece büyük bir kulübe gitmek değil, kendini huzurlu ve mutlu hissedeceği bir yerde futbol oynamaktı. İşte bu noktada Galatasaray devreye girdi.

## Galatasaray'ı Seçmesinin Sebepleri

Victor Osimhen'in Galatasaray'ı seçmesindeki en büyük etken, İstanbul'un ona sunduğu yeni başlangıç fırsatıydı. Galatasaray, Avrupa'nın en köklü kulüplerinden biri olmasının yanı sıra, taraftarlarının coşkusuyla dünyada eşsiz bir yere sahipti. İstanbul'un büyülü atmosferi, futbolun adeta bir yaşam biçimi olduğu bu şehir, Victor için yeni bir sayfanın başlangıcı olabilirdi. Onun için bu transfer sadece bir kulüp değişikliği değil, kariyerinde yeni bir nefes alma fırsatıydı.

Victor, Galatasaray'ın projelerine inanıyordu. Kulübün Avrupa'da yeniden söz sahibi olma hedefi, Süper Lig'deki şampiyonluk mücadelesi ve Şampiyonlar Ligi'ndeki iddiası onu cezbetti. Galatasaray, ona sadece bir futbolcu olarak değil, lider olarak da bir misyon yükledi. İstanbul'da yeni bir efsane yazabileceğine inandı. Ve en önemlisi, burada Napoli'de hissettiği o ağır baskıdan uzak, özgürce futbol oynayabilecekti.

Bir diğer önemli faktör de Galatasaray taraftarlarının tutkusuydu. Napoli'deki taraftar baskısını bilen Victor, Galatasaray tribünlerinin coşkusunu ve desteğini hemen hissetmişti. Florya'da gerçekleştirilen imza töreninde gördüğü sevgi seli, onun doğru bir tercih yaptığını hissettirdi. Taraftarlar, ona adeta bir kahraman gibi kucak açtı. Bu enerji, Victor'un yeniden futbola olan heyecanını canlandırdı. O, İstanbul'da sadece bir oyuncu olarak değil, bir lider, bir sembol olmak için sahaya çıkmaya hazırdı.

## Galatasaray'daki Hedefleri

Victor Osimhen, Galatasaray'a transfer olduğunda herkesin aklındaki soru şu oldu: "Onun hedefleri ne?". Cevap ise çok netti: Victor, İstanbul'da tarihe geçmek istiyordu. Galatasaray, uzun yıllardır Avrupa'da istediği başarıyı yakalayamamış, Süper Lig'de zirvede yer almak için mücadele ediyordu. Victor'un en büyük hedefi, Galatasaray'ı bu mücadelenin lideri yapmak, hem Türkiye'de hem de Avrupa'da kulübü zirveye taşımaktı.

Galatasaray formasıyla henüz sahaya çıkmamış olsa da, Victor'un hedefleri belli: Süper Lig'de şampiyonluk yaşamak, gol krallığına ulaşmak ve en büyük hedefi, Galatasaray'ı Şampiyonlar Ligi'nde başarıya taşımak. O, Türkiye'ye sadece Süper Lig'i kazanmak için gelmedi; onun gözü, Galatasaray'ı Avrupa'da tekrar eski görkemli günlerine döndürmekteydi. Şampiyonlar Ligi'nde boy göstermek, Galatasaray formasıyla tarihi zaferler yaşamak, Victor'un en büyük hayaliydi.

25 yaşında, futbolun en olgun dönemine adım atan Victor, artık sadece bir golcü değil, bir lider olarak sahada olacağını biliyordu. İstanbul'da,

Galatasaray formasıyla yazacağı hikaye, onun futbol kariyerinde yeni bir dönemi başlatacak.

## Yeni Başlangıç İçin Hazır

Victor Osimhen, Galatasaray'a transfer olduğunda sadece yeni bir kulübe katılmadı; o, yeni bir hikaye yazmaya başladı. İstanbul'da, Galatasaray taraftarlarıyla birlikte büyük başarılar kazanmak için sabırsızlanıyor. Napoli'de kazandığı tecrübeler, yaşadığı zorluklar ve karşılaştığı engeller, onu daha da güçlendirdi. Şimdi, Galatasaray formasıyla hem Türkiye'de hem de Avrupa'da tarih yazmaya hazır.

Victor'un Galatasaray'daki hedefleri sadece Süper Lig ile sınırlı değil; o, bu kulüple Avrupa'da yeni zaferler kazanmayı, Galatasaray'ın adını Şampiyonlar Ligi'nde yeniden duyurmayı istiyor. İstanbul'da, bir lider olarak, sahaya her adım attığında tüm şehri arkasına alacak. Çünkü Victor Osimhen, İstanbul'da sadece bir futbolcu değil, bir efsane olmaya geldi.

# BÖLÜM 11
# KARİYERİN ZİRVESİNDE – VİCTOR OSİMHEN'İN İSTATİSTİKLERİ VE BAŞARILARI

3 - 9
4 1 1 0

Victor Osimhen'in futbol kariyeri, sıradan bir yetenek hikayesinin çok ötesinde, azmin ve kararlılığın bir destanı olarak şekillendi.

Her aşamada karşılaştığı zorluklar, onun gelişimini sadece fiziksel değil, ruhsal olarak da destekledi. Lagos'un tozlu sokaklarından başlayan bu serüven, sonunda dünyanın en büyük stadyumlarında, en prestijli liglerde ve turnuvalarda adını duyurdu.

Ancak Victor'un hikayesini gerçekten anlamak için onun başarılarını ve bu başarıların arkasındaki istatistikleri sıralamak gerekir.

## 1. Başlangıç: Nijerya U-17 Milli Takımı ve İlk Büyük Çıkış

Victor Osimhen'in dünya futbol sahnesine attığı ilk büyük adım, 2015 FIFA U-17 Dünya Kupası'nda Nijerya milli takımı formasıyla geldi. O turnuva, Victor'un yeteneklerini dünya çapında duyurmasının başlangıcıydı. Attığı goller, sadece Nijerya'nın kupayı kazanmasını sağlamakla kalmadı, aynı zamanda turnuvanın gol kralı olmasını da sağladı.

- FIFA U-17 Dünya Kupası: 10 gol ile turnuvanın gol kralı
- Şampiyonluk: Nijerya, FIFA U-17 Dünya Kupası'nı kazandı

Bu başarı, onun Avrupa'nın dev kulüplerinin radarına girmesine yetmişti. Genç yaşta gösterdiği bu performans, gelecekte neler yapabileceğinin ilk sinyalleriydi.

## 2. Avrupa'da İlk Adımlar: Wolfsburg ve Charleroi

U-17 Dünya Kupası'ndaki başarısının ardından Victor, Avrupa futboluna adım attı. İlk transferini Almanya'nın Wolfsburg takımına yaptı. Ancak Wolfsburg'daki günleri zorluklarla geçti. Yaşadığı sakatlıklar ve uyum süreci onun bekleneni verememesine yol açtı. Wolfsburg'da aradığı fırsatı bulamayan Victor, Belçika'nın Charleroi takımına kiralandı ve burada kendini yeniden ispatladı.

- Wolfsburg: 2017-2018 sezonunda Bundesliga'da 14 maç, 0 gol
- Charleroi: 2018-2019 sezonunda toplam 36 maçta 20 gol

Charleroi'da gösterdiği performans, onun yeniden yükselişe geçmesine ve Avrupa'nın dikkatini tekrar üzerine çekmesine neden oldu.

## 3. Fransa'da Yükseliş: Lille ve Avrupa'ya Açılan Kapı

Victor'un kariyerindeki bir sonraki büyük durak, Fransa Ligue 1 takımı Lille oldu. Burada geçirdiği süre, onun Avrupa'nın en dikkat çeken forvetlerinden biri haline gelmesine olanak sağladı. Lille formasıyla gösterdiği performans, sadece Fransa'da değil, Avrupa genelinde de büyük yankı uyandırdı. Hızı, güçlü fiziksel yapısı ve bitirici vuruşlarıyla bir gol makinesi haline gelen Victor, Avrupa'nın dev kulüplerinin transfer listelerine adını yazdırdı.

- Lille: 2019-2020 sezonunda 38 maçta 18 gol, 6 asist

- Fransa Ligue 1'de Ayın Oyuncusu: Eylül 2019
- UNFP Ligue 1 Yılın Genç Oyuncusu: 2020

Lille'deki bu olağanüstü performansı, Victor'u bir sonraki büyük transferine hazırladı: Napoli.

## 4. Napoli Günleri: Serie A'da Parlayan Yıldız

2020 yılında İtalya'nın Napoli kulübüne rekor bir ücretle transfer olan Victor Osimhen, burada futbolunun zirvesine çıktı. Serie A'nın sert ve taktiksel savunmalarına karşı gösterdiği mücadele, onun ne kadar komple bir forvet olduğunu bir kez daha kanıtladı. Napoli'de oynadığı her maçta daha da güçlenen Victor, takımını zirve yarışında tutan en önemli oyuncu oldu.

- Napoli: 2020-2023 yılları arasında toplam 96 maçta 45 gol

- Serie A Şampiyonluğu: 2022-2023 sezonu
- Serie A'da Sezonun En İyi Forveti: 2022-2023 sezonu
- Şampiyonlar Ligi Performansı: 2022-2023 sezonunda 8 maçta 6 gol

Victor, Napoli'ye kazandırdığı Serie A şampiyonluğu ile sadece İtalya'da değil, dünya futbolunda da iz bıraktı. Bu şampiyonluk, Napoli'nin yıllar sonra gelen ilk lig zaferiydi ve Victor, bu başarıda başrolü oynadı.

## 5. Uluslararası Başarılar ve Afrika'nın Gururu

Victor Osimhen'in milli takım kariyeri de en az kulüp kariyeri kadar dikkat çekiciydi. Nijerya milli takımının en önemli oyuncularından biri haline gelen Victor, Afrika Uluslar Kupası'nda ve Dünya

Kupası elemelerinde attığı gollerle ülkesini en büyük turnuvalarda temsil etti.

- Afrika Uluslar Kupası: 2021'de turnuvada 4 gol
- Dünya Kupası Elemeleri: 2022 yılında elemelerde 5 gol

Nijerya için attığı her gol, sadece sahada bir başarı değil, aynı zamanda ülkesinin gururu olarak görüldü. Victor, Afrika'nın futbol haritasında en üst sıralarda yer almasının en önemli sembollerinden biri oldu.

# SON

Victor Osimhen'in hikayesi, sadece bir futbol kariyerinden ibaret değil; bu hikaye, insanın azmiyle kaderini nasıl değiştirebileceğini gösteren bir yaşam destanıdır. Lagos'un fakir mahallelerinde hayaller kuran küçük bir çocuğun, dünya futbolunun en parlak sahnelerinde kendine yer bulması, bir tesadüf değil, emekle, kararlılıkla, hiç bitmeyen bir inançla örülmüş bir yolculuktur. Ama bu hikayenin en önemli kısmı, Victor'un hala yolun başında olmasıdır. O, henüz 25 yaşında, dünyanın en iyi forvetlerinden biri olarak kabul ediliyor. Ancak onun için bu, bir son değil; tam aksine, daha büyük başarılar için atılmış bir adım.

## Başarılarla Dolup Taşan Bir Kariyerin Ötesi

Victor Osimhen, Napoli'de Serie A şampiyonu oldu, gol krallıkları yaşadı, Avrupa'nın en büyük forvetleri arasında yer aldı. Ama başarılarına rağmen, her zaman bir şey eksikti: içsel huzur ve futbola olan saf sevgisini yeniden bulmak. Napoli'de kazandığı tüm kupalara rağmen, içsel olarak hep bir arayış içindeydi. Bu arayış onu İstanbul'a, Galatasaray'a getirdi. Galatasaray formasıyla henüz bir maça çıkmamış olabilir, ancak taraftarların ve futbol dünyasının ondan beklentisi çok büyük.

Bu yeni başlangıç, Victor için sadece bir futbol macerası değil, aynı zamanda kendi hikayesini yeniden yazma fırsatıdır. Napoli'de hissettiği baskı ve yönetimle yaşadığı sorunlar, onun bu büyük kararı almasında etkili oldu. Galatasaray'da bulduğu coşkulu taraftar desteği, ona futbolun sadece bir oyun değil, aynı zamanda bir tutku olduğunu yeniden hatırlattı. İstanbul, futbolun kalbinin attığı bir şehir olarak, Victor'a kendini yeniden keşfetme fırsatı sundu.

## Galatasaray'daki Hedefler ve Yeni Bir Efsanenin Doğuşu

Victor'un Galatasaray'a gelmesiyle, sarı-kırmızılı taraftarlar yıllardır özlemini çektikleri bir kahramana kavuştu. Onun hedefleri ise çok büyük. Sadece Süper Lig'de şampiyonluk yaşamak değil, aynı zamanda Galatasaray'ı Avrupa'da yeniden zirveye taşımak istiyor. Şampiyonlar Ligi'nde atacağı gollerle, Galatasaray'ı Avrupa futbolunun zirvesine çıkarma hayali, onun İstanbul'daki en büyük hedeflerinden biri. Victor'un gözünde İstanbul, bir başlangıç ve aynı zamanda yeni bir efsanenin doğuşunun sahnesi.

O, sadece sahada attığı gollerle değil, liderliğiyle de takımı ileriye taşıyacak. İstanbul'da, taraftarların gözünde sadece bir forvet değil, bir lider, bir kahraman olacak. Bu şehrin tutkulu futbol aşkı, Victor'a Napoli'de kaybettiği heyecanı geri verecek. Artık sahaya her çıktığında sadece kendi kariyeri için değil, milyonlarca Galatasaray taraftarı için savaşacak.

## Henüz Yazılmamış Bölümler

Victor Osimhen'in hikayesi burada bitmiyor. Hatta asıl büyük bölümler henüz yazılmadı. Galatasaray formasıyla sahaya çıktığında neler başaracağını kimse tam olarak kestiremiyor, ancak bir gerçek var ki, Victor nereye adım atarsa orada bir iz bırakıyor. İstanbul, onun kariyerindeki en önemli duraklardan biri olacak ve burada sadece Türkiye'de değil, dünya futbolunda da kalıcı bir iz bırakacak.

Onun hedefleri, başarıya olan açlığı ve asla durmayan hırsı, Victor'u her zaman daha yükseğe taşıyacak. Galatasaray'la kazanacağı şampiyonluklar, Avrupa'da atacağı zafer adımları, bu hikayenin sadece başlangıcı. Çünkü Victor Osimhen, her zaman daha büyük hayalleri olan bir futbolcu oldu. Her gol, her zafer onun için yeni bir kapının anahtarıydı ve İstanbul'da bu kapılar ardına kadar açıldı.

## Futbolun Ötesinde Bir Miras

Victor, futbolun ötesinde bir simge haline geldi. Afrika'dan çıkan, zorluklara rağmen asla pes etmeyen ve dünyanın en iyi forvetlerinden biri olan bir adam olarak, milyonlarca insana ilham kaynağı oldu. Onun hikayesi, futbola başlayan her genç için bir umut ışığıdır. Lagos'taki fakir mahallelerden, Napoli'nin zafer dolu sokaklarına ve şimdi de İstanbul'un büyülü atmosferine uzanan bu yolculuk, bir futbolcunun hayatın her zorluğuna nasıl meydan okuyabileceğini gösteren bir örnektir.

Victor Osimhen, Galatasaray formasıyla henüz bir maça çıkmadı, ama onun hikayesi çoktan başlamış durumda. İstanbul'da yazılacak yeni zaferler, yeni başarılar ve yeni efsaneler onu bekliyor. Taraftarlar, tribünlerde onun için tezahürat yaparken, sahada gösterdiği mücadeleyle bir şehrin kalbinde taht kuracak. Çünkü Victor, asla sıradan bir futbolcu olmadı. O, her zaman hikayesini kendi yazan, her zorluğa meydan okuyan bir liderdi.

# SONUÇ

## YOLCULUK BİTMEDİ

Victor Osimhen'in hikayesi, henüz bitmedi. Aslında belki de en önemli bölümleri daha yazılmadı. Galatasaray'da, İstanbul'da ve dünya futbolunda adını efsaneler arasına yazdırmaya devam edecek.

Onun kariyeri, sadece futbolun değil, insan ruhunun zaferini anlatan bir hikaye olarak nesiller boyu anlatılacak. Bu yolculuk, bir şehrin hayallerini gerçekleştiren, bir kulübü yeniden ayağa kaldıran bir kahramanın yolculuğu.

Victor Osimhen, İstanbul'da bir efsane olmaya geldi. Galatasaray, onunla yeni zaferlere yelken açarken, dünya futbolu bu büyülü hikayeye tanıklık edecek. Çünkü bu yolculuk, bitmeyecek. Victor Osimhen, her zaman daha fazlasını isteyen, asla pes etmeyen bir kahraman olarak sahaya adım atacak. Ve her golünde, her zaferinde, bu hikaye bir adım daha ileri gidecek.